Todos los libros de Linkgua Ediciones cuentan con modelos de Inteligencia Artificial entrenados por hispanistas. Pregúntale al chat de tu libro lo que desees acerca de la obra o su autor/a.

Para ebooks: Accede a nuestro modelo de IA a través de este enlace.

Para libros impresos: Escanea el código QR de la portada con tu dispositivo móvil.

Obtén análisis detallados de nuestros libros, resúmenes, respuestas a tus preguntas y accede a nuestras ediciones críticas generativas para una experiencia de lectura más enriquecedora.
La transparencia y el respeto hacia la autoría de las fuentes utilizadas son distintivos básicos de nuestro proyecto. Por ello, las respuestas ofrecen, mediante un sistema de citas, las fuentes con las que han sido elaboradas.

José Martí

Abdala

Barcelona 2024
Linkgua-ediciones.com

Créditos

Título original: Abdala.

e-mail: info@linkgua.com

Diseño de cubierta: Michel Mallard.

ISBN rústica ilustrada: 978-84-9007-208-0.
ISBN ebook: 978-84-9816-996-6.

Sumario

Brevísima presentación

La vida

José Martí (La Habana, 1853-Dos Ríos, 1898), Cuba.

Era hijo de Mariano Martí Navarro, valenciano, y Leonor Pérez Cabrera, de Santa Cruz de Tenerife.

Martí empezó su formación en El Colegio de San Anacleto, y luego estudió en la Escuela Municipal de Varones. En 1868 empezó a colaborar en un periódico independentista, lo que provocó su ingreso en prisión y más tarde su destierro a España. Vivió en Madrid y en 1871 publicó El presidio político en Cuba, su primer libro en prosa.

En 1873 se fue a Zaragoza y se licenció en derecho, y en filosofía y letras. Al año siguiente viajó a París, donde conoció a personajes como Víctor Hugo y Augusto Bacquerie.

Tras su estancia en Europa vivió dos años en México. Por esa época se casó con Carmen Zayas Bazán, aunque estaba enamorado de María García Granados, fuente de inspiración en sus poemas.

En 1878 regresó a La Habana y tuvo un hijo con Carmen. Un año después fue deportado otra vez a España (1879). Hacia 1880 vivió en Nueva York y organizó la Guerra de Independencia de su país. Fue cónsul de Argentina, Uruguay y Paraguay en esa ciudad norteamericana; dio discursos, escribió artículos y versos, conspiró, fundó el Partido Revolucionario Cubano y redactó sus Bases. En 1895, al iniciarse la Guerra de Independencia, se fue a Cuba y murió en combate.

La épica popular

Abdala es una obra de referencia en el movimiento independentista de Cuba y uno de los textos clave del modernismo. La obra transcurre en un país islámico en el que, ante una amenaza extranjera, Abdala, el protagonista, decide ir a la guerra. Se trata de una exhaltación patriótica que se convirtió en una saga de la historia cubana, marcada por la defensa de la soberanía nacional y por el afán de modernidad y de incorporación de lo foráneo.

El texto, escrito por Martí con apenas dieciséis años, contiene un fragmento muy citado por todas las variantes del nacionalismo cubano:

> El amor madre a la patria
> No es el amor ridículo a la tierra,
> Ni a la hierba que pisan nuestras plantas;
> Es el odio invencible a quien la oprime,
> Es el rencor eterno a quien la ataca...

Abdala

Personajes

Abdala
Consejeros, soldados, etc.
Elmira, hermana de Abdala
Espirta, madre de Abdala
Guerreros
Un senador

Acto único

La escena pasa en Nubia.

Escena I

Abdala, un senador y consejeros.

Senador

Noble caudillo: a nuestro pueblo llega
Feroz conquistador: necio amenaza.
Si a su fuerza y poder le resistimos,
En polvo convertir nuestras murallas:
Fiero pinta a su ejército, que monta
Nobles corceles de la raza arábiga;
Inmensa gente al opresor auxilia
Y tan alto es el número de lanzas
Que el enemigo cuenta, que a su vista
La fuerza tiembla y el valor se espanta.
¡Tantas sus tiendas son, noble caudillo,
Que a la llanura llegan inmediata,
Y del rudo opresor ¡oh Abdala ilustre!
Es tanta la fiereza y arrogancia,
Que envió un emisario reclamando
—¡Rindiese fuego y aire, tierra y agua!

Abdala

Pues decid al tirano que en la Nubia
Hay un héroe por veinte de sus lanzas:
Que del aire se atreva a hacerse dueño:
Que el fuego a los hogares hace falta:
Que la tierra la compre con su sangre:

Que el agua ha de mezclarse con sus lágrimas.

Senador — Guerrero ilustre: ¡calma tu entusiasmo!
Del extraño a la impúdica arrogancia
Diole el pueblo el laurel que merecían
Tan necia presunción y audacia tanta;
Mas hoy no son sus bárbaras ofensas
Muestras de orgullo y simples amenazas:
¡Ya detiene a los nubios en el campo!
¡Ya en nuestras puertas nos coloca guardias!

Abdala — ¿Qué dices, Senador?

Senador — —¡Te digo ¡oh jefe
Del ejército nubio! que las lanzas
Deben brillar, al aire desenvuelta
La sagrada bandera de la patria
Te digo que es preciso que la Nubia
Del opresor la lengua arranque osada,
Y la llanura con su sangre bañe,
Y luche Nubia cual luchaba Esparto!
¡Vengo en tus manos a dejar la empresa
De vengar las cobardes amenazas
Del bárbaro tirano que así llega
A despojar de vida nuestras almas!
Vengo a rogar al esforzado nubio
Que a la batalla con el pueblo parta.

Abdala — Acepto, Senador. Alma de bronce
Tuviera si tu ruego no aceptara.

Que me sigan espero los valientes
Nobles caudillos que el valor realza,
¡Y si insulta a los libres un tirano
Veremos en el campo de batalla!
En la Nubia nacidos, por la Nubia
Morir sabremos: hijos de la patria,
Por ella moriremos, y el suspiro
Que de mis labios postrimeros salga,
Para Nubia será, que para Nubia
Nuestra fuerza y valor fueron creados.
Decid al pueblo que con él al campo
Cuando se ordene emprenderé la marcha;
Y decid al tirano que se apreste,
Que prepare su gente, —y que a sus lanzas
Brillo dé y esplendor. ¡Más fuertes brillan
Robustas y valientes nuestras almas!

Senador ¡Feliz mil veces ¡oh valiente joven!
El pueblo que es tu patria!

Todos —¡Viva Abdala!

(Se van el Senador y consejeros.)

Escena II

Abdala

Abdala ¡Por fin potente mi robusto brazo
Puede blandir la dura cimitarra,
Y mi noble corcel volar ya puede
ligero entre el fragor de la batalla!

¡Por fin mi frente se orlará de gloria;
Seré quien libre a mi angustiada patria,
Y quien lo arranque al opresor el pueblo
Que empieza a destrozar entre sus garras!
¡Y el vil tirano que amenaza a Nubia
Perdón y vida implorará a mis plantas!
¡Y la gente cobarde que lo ayuda
A nuestro esfuerzo gemirá espantada!
¡Y en el cieno hundirá la altiva frente,
Y en cieno vil enfangará su alma!
¡Y la llanura en que su campo extiende
Será testigo mudo de su infamia!
¡Y el opresor se humillará ante el libre!
¡Y el oprimido vengará su mancha!
Conquistador infame: ya la hora
De tu muerte sonó: ni la amenaza,
Ni el esfuerzo y valor de tus guerreros
Será muro bastante a nuestra audacia.
Siempre el esclavo sacudió su yugo, —
Y en el pecho del dueño hundió su clava
El siervo libre; siente la postrera
Hora de destrucción que audaz te aguarda,
¡Y teme que en tu pecho no se hunda
Del libre nubio la tajante lanza! —
Ya me parece que rugir los veo
Cual fiero tigre que a su presa asalto.
Ya los miro correr: a nuestras filas
Dirigen ya su presurosa marcha.
Ya luchan con furor: la sangre corre
Por el llano a torrentes: con el ansia
Voraz del opresor, hambrientos vuelven
A hundir en sus costados nuestras lanzas,

Y a doblegar el arrogante cuello
Al tajo de las rudas cimitarras:
Cansados ya, vencidos, —cual furiosas
Panteras del desierto que se lanzan
A la presa que vencen, y se fatigan,
Y rugen y se esfuerzan y derraman
La enrojecida sangre, y combatiendo
Terribles ayes de dolor exhalan,
Así los enemigos furibundos
A nuestras filas bárbaros se lanzan,
Y luchan, —corren, —retroceden, —vuelan,
—
Inertes caen, —gimiendo se levantan, —
A otro encuentro se aprestan, —¡y perecen!
Ya sus cobardes huestes destrozadas
Huyen por la llanura: —¡oh! ¡cuánto el gozo
Da fuerza y robustez y vida a mi alma!
¡Cuál crece mi valor! ¡Cómo en mis venas
Arde la sangre! ¡Cómo me arrebata
Este invencible ardor! —¡Cuánto deseo
A la lucha partir! —

Escena III

Entran guerreros. Guerreros y Abdala

Un guerrero ¡Salud, Abdala! —

Abdala ¡Salud, nobles guerreros!

Un guerrero

Ya la hora
De la lucha sonó: la gente aguarda
Por su noble caudillo: los corceles
Ligeros corren por la extensa plaza:
Arde en los pechos el valor, y bulle
En el alma del pueblo la esperanza:
Si vences, noble jefe, el pueblo nubio
Coronas y laureles te prepara,
¡Y si mueres luchando, te concede
La corona del mártir de la patria! —
Revelan los semblantes la alegría:
Brillan al Sol las fulgurantes armas, —
¡Y el deseo de luchar, en las facciones
La grandeza, el valor, sublimes graban! —

Abdala

Ni laurel ni coronas necesita
Quien respira valor. Pues amenazan
A Nubia libre, y un tirano quiere
Rendirla a su dominio vil esclava.
¡Corramos a la lucha, y nuestra sangre
Pruebe al conquistador que la derraman
Pechos que son altares de la Nubia,
Brazos que son sus fuertes y murallas!
¡A la guerra, valientes! Del tirano
¡La sangre corra, y a su empresa osada
De muros sirvan los robustos pechos,
Y sea su sangre fuego a nuestra audacia!
¡A la guerra! ¡A la guerra! ¡Sea el aplauso
Del vil conquistador que nos ataca,
El son tremendo que al batirlo suenen
Nuestras rudas y audaces cimitarras!

¡Nunca desmienta su grandeza Nubia!
¡A la guerra corred! ¡A la batalla,
Y de escudo te sirva ¡oh patria mía!
El bélico valor de nuestras almas!

(Hacen ademán de partir.)

Escena IV

Entra Espirta.

Espirta y dichos.

Espirta ¿Adónde vas? ¡Espera!

Abdala ¡Oh madre mía!
Nada puedo esperar.

Espirta ¡Deténte, Abdala!

Abdala ¿Yo detenerme, madre? ¿No contemplas
El ejército ansioso que me aguarda?
¿No ves que de mi brazo espera Nubia
La libertad que un bárbaro amenaza?
¿No ves cómo se aprestan los guerreros?
¿No miras cómo brillan nuestras lanzas?
Detenerme no puedo, ¡oh madre mía!
¡Al campo voy a defender mi patria!

Espirta ¡Tu madre soy!

Abdala ¡Soy nublo! El pueblo entero
Por defender su libertad me aguarda:
Un pueblo extraño nuestras tierras huella:
Con vil esclavitud nos amenaza;
Audaz nos muestra sus potentes picas,
Y nos manda el honor, y Dios nos manda
Por la patria morir, ¡antes que verla
Del bárbaro opresor cobarde esclava!

Espirta ¡Pues si exige el honor que al campo vueles,
Tu madre hoy que te detengas manda!

Abdala ¡Un rayo solo retener pudiera
El esfuerzo y valor del noble Abdala!
¡A la guerra corred, nobles guerreros,
Que con vosotros el caudillo marcha!

(Se van los guerreros.)

Escena V

Espirta y Abdala

Abdala Perdona ¡oh madre! que de ti me aleje
Para partir al campo. ¡Oh! Estas lágrimas
Testigos son de mi ansiedad terrible,
Y el huracán que ruge en mis entrañas.
(Espirta llora.) ¡No llores tú, que a mi dolor ¡oh madre!
Estas ardientes lágrimas le bastan!
El ¡ay! del moribundo, ni el crujido,

Ni el choque rudo de las fuertes armas,
¡No el llanto asoman a mis tristes ojos,
Ni a mi valiente corazón espantan!
Tal vez sin vida a mis hogares vuelva,
U oculto entre el fragor de la batalla
De la sangre y furor víctima sea.
Nada me importa. ¡Si supiera Abdala
Que con su sangre se salvaba Nubia
De las terribles extranjeras garras,
Esa veste que llevas, madre mía,
Con gotas de mi sangre la manchara!
Solo tiemblo por ti; y aunque mi llanto
No muestro a los guerreros de mi patria,
¡Ve cómo corre por mi faz, ¡oh madre!
Ve cuál por mis mejillas se derrama!

Espirta

¿Y tanto amor a este rincón de tierra?
¿Acaso él te protegió en tu infancia?
¿Acaso amante te llevó en su seno?
¿Acaso él fue quien engendró tu audacia
Y tu fuerza? ¡Responde! ¿O fue tu madre?
¿Fue la Nubia?

Abdala

El amor, madre, a la patria
No es el amor ridículo a la tierra,
Ni a la yerba que pisan nuestras plantas;
Es el odio invencible a quien la oprime,
Es el rencor eterno a quien la ataca;
Y tal amor despierta en nuestro pecho
El mundo de recuerdos que nos llama
A la vida otra vez, cuando la sangre,
Herida brota con angustia el alma;

¡La imagen del amor que nos consuela
Y las memorias plácidas que guarda!

Espirta ¿Y es más grande ese amor que el que despierta
En tu pecho tu madre?

Abdala ¿Acaso crees
Que hay algo más sublime que la patria?

Espirta ¿Y aunque sublime fuera, acaso debes
Por ella abandonarme? ¿A la batalla
Así correr veloz? ¿Así olvidarte
De la que el ser te dio? ¿Y eso lo manda
la patria? ¡Di! ¿Tampoco te conmueven
La sangre ni la muerte que te aguardan?

Abdala Quien a su patria defender ansía
Ni en sangre ni en obstáculos repara;
Del tirano desprecia la soberbia;
En su pecho se estrella la amenaza;
¡Y si el cielo bastara a su deseo,
Al mismo cielo con valor llegara!

Espirta ¿No te quedas por fin y me abandonas?

Abdala ¡No, madre, no! ¡Yo parto a la batalla!

Espirta ¿Al fin te vas? ¿Te vas? ¡Oh hijo querido!

(Se arrodilla.)

¡A tu madre infeliz mira a tus plantas!
¡Mi llanto mira que angustioso corre
De amargura y dolor! ¡Tus pies empapa!
¡Deténte, oh hijo mío!

Abdala — Levanta ¡oh madre!

Espirta — ¡Por mi amor... por tu vida... no... no partas!

Abdala — ¿Que no parta decís, cuando me espera
La Nubia toda? ¡Oh, no! ¿Cuando me aguarda
Con terrible inquietud a nuestras puertas
Un pueblo ansioso de lavar su mancha?
¡Un rayo solo detener pudiera
El esfuerzo y valor del noble Abdala!

Espirta (Con altivez.) — Y una madre infeliz que te suplica.
Que moja con sus lágrimas tus plantas,
¿No es un rayo de amor que te detiene?
¿No es un rayo de amor que te anonada?

Abdala — ¡Cuántos tormentos! ¡Cuán terrible angustia!
Mi madre llora... Nubia me reclama...
Hijo soy... Nací nubio... Ya no dudo:

¡Adiós! Yo marcho a defender mi patria.

(Se va.)

Escena VI

Espirta

Espirta

Partió... partió... Tal vez ensangrentado,
Lleno de heridas, a mis pies lo traigan;
Con angustia y dolor mi nombre invoque;
Y mezcle con las mías sus tristes lágrimas.
¡Y mi mejilla con la suya roce
Sin vida, sin color, inerte, helada!
¡Y detener no puedo el raudo llanto
Que de mis ojos brota; a mi garganta
Se agolpan los sollozos, y mi vista
Nublan de espanto y de terror mis lágrimas!
Mas ¿por qué he de llorar? ¿Tan poco esfuerzo
Nos dio Nubia al nacer? ¿Así acobardan
A sus hijos las madres? ¿Así lloran
Cuando a Nubia un infame nos arranca?
¿Así lamentan su fortuna y gloria?
¿Así desprecian el laurel? ¿Tiranas,
Quieren ahogar en el amor de madre
El amor a la patria? ¡Oh, no! ¡Derraman
Sus lágrimas ardientes, y se quejan
Porque sus hijos a morir se marchan!

¡Porque si nubias son, también son madres!
¡Porque al rudo clamor de la batalla
Oyen mezclarse el ¡ay! que lanza el hijo
Al sentir desgarradas sus entrañas!
¡Porque comprenden que en la lucha nunca
Sus hogares recuerdan, y se lanzan
Audaces en los brazos de la muerte
Que a una madre infeliz los arrebata!

Escena VII

Espirta y Elmira

Elmira ¡Madre! ¿Llorando vos?

Espirta ¿De qué te asombras?
A la lucha partió mi noble Abdala,
Y al partir a la lucha un hijo amado,
¿Qué heroína, qué madre no llorara?

Elmira ¡La madre del valor, la patriota!
¡Oh! ¡Mojan vuestra faz recientes lágrimas,
Y rebosa el dolor en vuestros ojos,
Cobarde llanto vuestro seno baña!
¡Madre nubia no es la que así llora
Si vuela su hijo a socorrer la patria!
¡A Abdala adoro: mi cariño ciego
Es límite al amor de las hermanas,
Y en sus robustas manos, madre mía,

Le coloqué al partir la cimitarra,
Le dije adiós, y le besé en la frente!
Y ¡vos lloráis, cuando luchando Abdala
De noble gloria y de esplendor se cubre,
Y el bélico laurel le orna de fama!
¡Oh madre! ¿No escucháis ya cómo suenan
Al rudo choque las templadas armas?
¿Las voces no escucháis? ¿El son sublime
De la trompa no oís en la batalla?
¿Y no oís el fragor? ¡Con cuánto gozo
Esta humillante veste no trocara
Por el lustroso arnés de los guerreros,
Por un noble corcel, por una lanza!

Espirta

¿Y también, como Abdala, por la guerra
A tu hogar y tu madre abandonaras,
Y a morir en el campo audaz partieras?

Elmira

También, madre, también; ¡que las desgracias
De la patria infeliz lloran y sienten
Las piedras que deshacen nuestras plantas!
¿Y vos lloráis aún? ¿Pues de la trompa
El grato son no oís que mueve el alma?
¿No lo escucháis? ¡Oh madre! ¿A vos no llega
El sublime fragor de la batalla?

(Se oye tocar a la puerta.)

Pero... ¿qué ruido es éste repentino,

Madre, que escucho a nuestra puerta?

Espirta (Lanzándose hacia la puerta:)
¡Abdala!

Elmira
(Deteniéndola) Callad, ¡oh madre! Acaso algún herido
A nuestro hogar desesperado llama.
A su socorro vamos, madre mía.

(Se dirigen a la puerta.)

¿Quién toca a nuestra puerta?

Una voz ¡Abrid!

Escena VIII

Entran guerreros trayendo en brazos a Abdala, herido.
Dichos y Abdala

Elmira y Espirta
(Espantadas.) ¡Abdala!

(Los guerreros conducen a Abdala al medio del escenario.)

Abdala Abdala, sí, que moribundo vuelve
A arrojarse rendido a vuestras plantas,
Para partir después donde no puede
Blandir el hierro ni empuñar la lanza.

¡Vengo a exhalar en vuestros brazos, madre,
Mis últimos suspiros, y mi alma!
¡Morir! Morir cuando la Nubia lucha;
Cuando la noble sangre se derrama
De mis hermanos, madre; ¡cuando espera
De nuestras fuerzas libertad la patria!
¡Oh madre, no lloréis! Volad cual vuelan
Nobles matronas del valor en alas
A gritar en el campo a los guerreros:
«¡Luchad! ¡Luchad, oh nubios! ¡Esperanza!»

Espirta

¿Que no llore, me dices? ¿Y tu vida
Alguna vez me pagará la patria?

Abdala

La vida de los nobles, madre mía,
Es luchar y morir por acatarla,
Y si es preciso, con su propio acero
Rasgarse, por salvarla, las entrañas!
Mas... me siento morir: en mi agonía
(A todos:) no vengáis a turbar mi triste calma
¡Silencio!... Quiero oír... ¡oh! Me parece
Que la enemiga hueste, derrotada,
Huye por la llanura... ¡Oíd!... ¡Silencio!
Ya los miro correr... A los cobardes
Los valientes guerreros se abalanzan...
¡Nubia venció! Muero feliz: la muerte
Poco me importa, pues logré salvarla...
¡Oh, qué dulce es morir cuando se muere

Luchando audaz por defender la patria!

(Cae en brazos de los guerreros.)

Fin

Libros a la carta

A la carta es un servicio especializado para
empresas,
librerías,
bibliotecas,
editoriales
y centros de enseñanza;
y permite confeccionar libros que, por su formato y concepción, sirven a los propósitos más específicos de estas instituciones.

Las empresas nos encargan ediciones personalizadas para marketing editorial o para regalos institucionales. Y los interesados solicitan, a título personal, ediciones antiguas, o no disponibles en el mercado; y las acompañan con notas y comentarios críticos.

Las ediciones tienen como apoyo un libro de estilo con todo tipo de referencias sobre los criterios de tratamiento tipográfico aplicados a nuestros libros que puede ser consultado en Linkgua-ediciones.com.

Linkgua edita por encargo diferentes versiones de una misma obra con distintos tratamientos ortotipográficos (actualizaciones de carácter divulgativo de un clásico, o versiones estrictamente fieles a la edición original de referencia).

Este servicio de ediciones a la carta le permitirá, si usted se dedica a la enseñanza, tener una forma de hacer pública su interpretación de un texto y, sobre una versión digitalizada «base», usted podrá introducir interpretaciones del texto fuente. Es un tópico que los profesores denuncien en clase los desmanes de una edición, o vayan comentando errores de interpretación de un texto y esta es una solución útil a esa necesidad del mundo académico.

Asimismo publicamos de manera sistemática, en un mismo catálogo, tesis doctorales y actas de congresos académicos, que son distribuidas a través de nuestra Web.

El servicio de «libros a la carta» funciona de dos formas.

1. Tenemos un fondo de libros digitalizados que usted puede personalizar en tiradas de al menos cinco ejemplares. Estas personalizaciones pueden ser de todo tipo: añadir notas de clase para uso de un grupo de estudiantes, introducir logos corporativos para uso con fines de marketing empresarial, etc. etc.

2. Buscamos libros descatalogados de otras editoriales y los reeditamos en tiradas cortas a petición de un cliente.

www.ingramcontent.com/pod-product-compliance
Lightning Source LLC
LaVergne TN
LVHW101934220826
846093LV00009B/458